Duplicate
La fórmula para crecer sin límite

Blanca Rocha

Publicado por B-Global Publishing

Derechos de @ 2025

Todos los derechos reservados. Ninguna parte de este libro puede ser reproducida, distribuida o transmitida de ninguna forma ni por ningún medio, ya sea electrónico o mecánico, incluyendo fotocopiado, grabación, almacenamiento de información y sistemas de recuperación, sin el permiso previo y por escrito del editor, excepto en el caso de citas breves incluidas en reseñas críticas y otros usos no comerciales permitidos por la ley de derechos de autor.

Para solicitudes de permiso, escriba al editor con el asunto "Solicitud de Permiso" a support_staff@drbglobal.net
Pedidos por parte de librerías comerciales y distribuidores de EE. UU.: Envíe un correo electrónico a support_staff@drbglobal.net

B-Global Publishing lleva autores a tus eventos en vivo. Para más información o para reservar un evento, contacta support_staff@drbglobal.net

ISBN: 978-1-963980-19-6

Fabricado e impreso en los Estados Unidos de América y distribuido globalmente por
https://bglobalpublishing.drbglobal.net/

Todos los derechos reservados.

Tabla de Contenido

Dedicatoria	5
Nota personal de la autora	6
Agradecimientos	7
Prefacio	9
Carta personal de Blanca Rocha	10
Introducción al método de duplicación	12
Mi promesa para ti	14

Parte I – Fundamentos del Método de Duplicación

Capítulo 1. Mis Primeros Pasos en el Multinivel	16
Capítulo 2. Premios y Reconocimientos — El Poder de la Duplicación	25
Capítulo 3. El Nacimiento de la Duplicación	28

Parte II – Las 5 Estrategias de Duplicación

Capítulo 4. La Conexión de la Lotería	32
Convierte la diversión en ventas	
Ejemplo práctico	
Espacio de trabajo y plan de acción	
Capítulo 5. El Efecto Prueba de Sabor	37
Prueba. Ama. Compra.	
Historias reales	
Espacio de trabajo y plan de acción	
Capítulo 6. La Red de Vacaciones	42
Viaja, conecta, duplica	
Historias reales	
Espacio de trabajo y plan de acción	

Tabla de Contenido

Capítulo 7. El Multiplicador de Microeventos 47
    Pequeñas reuniones, gran impacto
    Ejemplo de las rebanadas del pastel
    Espacio de trabajo y plan de acción

Capítulo 8. El Foco de Prueba Social 53
    Deja que tus clientes vendan por ti
    Historias reales
    Espacio de trabajo y plan de acción

Parte III – Mentalidad y Liderazgo Mentalidad, Liderazgo y Casos Reales

Capítulo 9. La Mentalidad de Duplicación 59
    Claves para crear un efecto dominó
    Plan de acción de 30 días
    Espacio de trabajo: diseña tu sistema

Capítulo 10. Errores que Evitar y Cómo Corregirlos 66
    Errores comunes de principiantes
    Lecciones de experiencia
    Cómo dar la vuelta y avanzar

Capítulo 11. Historias de Éxito de Líderes 70
    Testimonios inspiradores
    Modelos de duplicación que funcionan
    Claves para inspirar a tu equipo

Recursos Finales 74
Frases y principios para tu jornada diaria 75
Sobre la autora 76
Conéctate conmigo 77

Dedicatoria

A mi familia, mi motor y mi razón de ser.

A mis hijos —Juan José, George Anthony, Griselda Marie y Janet Nicole—, quienes son mi orgullo y mi motivación más grande.

A mi amado esposo, José Efraín Rocha, compañero de vida durante 25 años de matrimonio y fortaleza en cada paso del camino.

A mis ocho nietos, por ser la alegría de mis días y recordarme que todo lo que sembramos con amor florece en sonrisas y esperanza.

Este libro es para ustedes, mi familia, como un regalo y un legado, para que siempre recuerden que los sueños se alcanzan con fe, esfuerzo y perseverancia. Que estas páginas los inspiren a creer que todo lo sembrado con amor y dedicación, un día florecera en grandes bendiciones, siempre poniendo a Dios por delante.

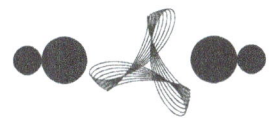

Nota personal de la autora

Este libro es más que páginas escritas; es mi voz, mi fe y mi vida convertida en semillas de esperanza. He caminado por la sombra de la enfermedad, he probado la vulnerabilidad de perderlo todo, y aún así descubrí que no hay oscuridad que pueda apagar a un espíritu encendido por Dios.

Duplícate nace de esa certeza: que lo aprendido se multiplica, que los secretos se comparten y que el verdadero poder no está en sobrevivir, sino en renacer una y otra vez con más fuerza.

Hoy no te invito solo a leer, te invito a levantar tu vida, a encender tu espíritu y a convertirte en la prueba viva de que el poder de la fe y la acción transforman cualquier destino.

Este es mi legado: **cuando eliges creer, eliges prosperar. Y cuando eliges prosperar, inspiras al mundo a duplicarse contigo.**

Agradecimientos

Primero, quiero dar gracias a Dios, porque sin Él nada de esto sería posible. Gracias por darme la visión, la fuerza y la oportunidad de convertir un sueño en un legado escrito.

A mi familia, y a todos mis hermanos y a mi hermana Yolanda por su paciencia y amor incondicional. A mis hijos Juan José Jr., George Anthony, Griselda Marie y Janet Nicole, y su papá Juan Jose Garza, que son mi inspiración diaria. A mi esposo, José Efraín Rocha, por su apoyo y compañía en cada momento de esta travesía. Los amo.

A mi equipo de líderes, que con su esfuerzo y compromiso me han mostrado que los sueños se cumplen cuando se comparten con otros.

Quiero dar gracias de manera especial a quienes me han acompañado en este camino a través de los productos que marcaron mi crecimiento:
- En Herbalife, Nelly Lodge, por su apoyo y confianza en este proceso.
- En Mary Kay, Barbie Cordier, Pam Santiago, Kay Thompkins, líderes que son inspiración y ejemplo a seguir, abren caminos para que cada mujer descubra su valor, alcance sus sueños y brille con confianza.
- En Shelo Nabel a mi querida amiga que marcó mi vida, Susana Vega, ella fue quien me abrió las puertas a este negocio, quien me escribió, creyó en mí y se convirtió en mi patrocinadora. Aunque hoy ya no está con nosotros, me dejó un regalo

invaluable: la oportunidad de continuar este camino de crecimiento personal,de ayudar a más personas y de multiplicar lo que he recibido.

- En Forever Living, a Sandra Vanegas a través de su amistad ella ha sido un pilar para mí:me brindó su confianza, su ejemplo de perseverancia y un corazón dispuesto a ayudar. Siempre ha estado para mí con un solo texto de mensaje,eso es un ejemplo de que el éxito se multiplica en comunidad sin problema alguno.

Gracias a cada una de ustedes, porque sus huellas y enseñanzas forman parte de este legado escrito.

Y a ti, lector, que hoy decides abrir estas páginas: este libro es también para ti, para recordarte que **sí se puede** y que el éxito es más dulce cuando lo multiplicamos juntos.

Estoy para servirles.

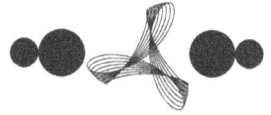

Prefacio

Querido lector,

Si este libro ha llegado a tus manos, no es casualidad. Tal vez estabas buscando una manera de crecer en tu negocio, quizá estabas pensando en rendirte, o simplemente soñabas con algo más grande para tu vida. Sea cual sea la razón, hoy comienza un nuevo capítulo para ti.

Te comparto cómo descubrí el mercadeo en red. No sabía nada de ventas, no tenía experiencia en negocios y apenas tenía confianza en mí misma. Pero sí tenía un gran sueño: darle a mi familia un futuro diferente y vivir una vida con propósito.

A lo largo de estas dos décadas, he aprendido que el éxito no es un acto de suerte, sino el resultado de la consistencia y de crear sistemas que otros puedan seguir. He visto a personas inseguras y tímidas transformarse en líderes seguros de sí mismos. He visto negocios pequeños convertirse en organizaciones enormes gracias a la duplicación.

Por eso escribí este libro: para compartir contigo mis mejores estrategias, mis aprendizajes y también mis errores, de modo que tu camino sea más fácil, más rápido y más divertido.

Espero que cada capítulo te inspire a tomar acción, a salir de tu zona de confort y a enseñar a otros lo que vas logrando. Porque cuando tú creces, otros crecen contigo.

Con cariño y gratitud,
  Blanca Rocha

Carta personal de Blanca Rocha

Querida amiga (o amigo),

Hoy quiero hablarte de corazón a corazón. Este libro es más que páginas llenas de palabras: es mi historia, mi experiencia y mi deseo más profundo de verte brillar.

Cuando inicié en el mercadeo en red, tuve miedo. Me preguntaba si era capaz, si alguien me escucharía, si de verdad podía tener éxito. Pero algo en mi interior me decía que valía la pena intentarlo.

No fue fácil. Cometí errores, lloré en silencio muchas noches y hubo momentos en los que estuve a punto de rendirme. Pero cada vez que miraba a mi familia, recordaba por qué había empezado.

> *Recordaba constantemente Filipenses 4:13:*
> ***"Todo lo puedo en Cristo que me fortalece."***

Con el tiempo descubrí que el secreto no era trabajar más, sino trabajar de forma más inteligente. Si enseñaba a otros lo que yo hacía y los motivaba a duplicarlo, mi negocio podría crecer más allá de lo que yo podía manejar sola. Ese fue el inicio de un camino de libertad y abundancia.

Hoy quiero decirte algo con toda certeza: **sí se puede.**

No importa tu edad, tu experiencia o tu situación actual. Este negocio está hecho para personas como tú y como yo: personas con sueños, con ganas de aprender y con disposición de ayudar a otros.

> *"No te niegues a hacer el bien a quien es debido, cuando tuvieres poder para hacerlo.*
> *Si hoy puedes ayudar a tu prójimo,*
> *no pospongas la ayuda para mañana."*
> — ***Proverbios 3:27***

Este libro es tu guía práctica. Léelo con lápiz en mano, responde a las preguntas de reflexión, usa los espacios de trabajo y pon fechas a tus metas. No te detengas hasta cumplirlas. Cada capítulo es un escalón hacia tu próxima meta.

Y lo más importante: nunca olvides divertirte en el proceso. Tu negocio debe ser una fuente de alegría, de conexión y de propósito, no de estrés.

Recuerda siempre que no estás sola. Juntos podemos crear un movimiento de personas que construyen negocios prósperos, viajan, sueñan y ayudan a otros a vivir mejor.

Con amor y con toda la fe creyendo en ti,
Blanca Rocha

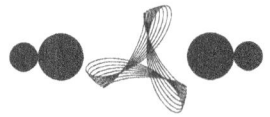

Introducción

Este libro nace de un camino de más de dos décadas en el mercadeo en red, un viaje lleno de aprendizajes, desafíos, victorias y, sobre todo, de la certeza de que la verdadera riqueza está en la duplicación. No se trata únicamente de vender productos o alcanzar metas personales, sino de inspirar, enseñar y ayudar a otros a construir sus propios sueños.

Al inicio encontrarás las páginas que marcan el corazón de este proyecto: la Dedicatoria, la Nota personal de la autora, los Agradecimientos, el Prefacio, la Carta personal de Blanca Rocha, la Introducción al Método de Duplicación y Mi promesa para ti. Estos apartados son el marco que abre paso al contenido principal, y te darán claridad sobre por qué este libro existe y cómo puede impactar tu vida.

En la **Parte I** comparto los fundamentos de mi historia. Aquí conocerás mis primeros pasos en el multinivel, los premios y reconocimientos que marcaron mi camino, y el momento en que descubrí el poder de la duplicación. Es una parte íntima, diseñada para mostrarte que todos empezamos desde cero y que la clave está en aprender, insistir y avanzar.

La **Parte II** está dedicada a las estrategias prácticas de duplicación que han sido claves en mi éxito. Descubrirás:
- La Conexión de la Lotería.
- El Efecto Prueba de Sabor.
- La Red de Vacaciones.
- El Multiplicador de Microeventos.
- El Foco de Prueba Social.

Cada una de estas estrategias viene acompañada de ejemplos reales, historias de campo, ejercicios de coaching y mini retos prácticos para que pases de la teoría a la acción de inmediato.

En la **Parte III** nos enfocamos en la mentalidad y el liderazgo, porque sin ellos ninguna estrategia puede sostenerse. Aquí encontrarás un plan de acción de 30 días, espacios de trabajo guiados, lecciones sobre errores comunes y cómo corregirlos, así como testimonios e historias de éxito de líderes que aplicaron la duplicación en su vida y negocio.

Finalmente, en la sección de **Recursos Finales**, tendrás acceso a herramientas complementarias para tu jornada diaria: frases motivadoras, principios prácticos, formularios de trabajo y ejercicios descargables que te ayudarán a diseñar tu propio sistema de duplicación. El libro cierra con el apartado Sobre la autora y Conéctate conmigo, donde te comparto cómo seguir en contacto y continuar creciendo juntos.

Este libro no es una teoría, es un manual de vida y negocio. Mi promesa es que, si aplicas con disciplina lo que aquí comparto, descubrirás que no se trata de trabajar más duro, sino de trabajar con inteligencia, de construir sistemas simples, y de multiplicar tu impacto al ayudar a otros.

Hoy quiero invitarte a que entres en este viaje conmigo. Abre tu mente, pon tu corazón y confía en que sí se puede. Porque lo que uno siembra con fe, disciplina y amor, siempre se cosecha en abundancia.

Mi Promesa para Ti

De corazón a corazón ,este libro no es solo motivación: es un manual de acción.

Quiero que lo leas y digas:

"¡Esto lo puedo hacer!" porque realmente lo puedes hacer. Yo también comencé desde cero, con sueños, miedos y dudas, y descubrí que los pequeños pasos, cuando se hacen con fe y constancia, pueden transformar vidas.

No importa si eres nuevo en el mercadeo en red o si llevas años en la industria, estas estrategias están diseñadas para ayudarte a construir un negocio que crece contigo y para ti.

Mi compromiso es acompañarte con sinceridad y esperanza para que no solo sueñes, sino actúes y brilles en tu propio camino.

La duplicación no se trata de trabajar más duro; se trata de trabajar con inteligencia, de crear un efecto dominó que impacte vidas, expanda tu influencia y multiplica tus ingresos.

¿Estás lista para descubrir el método que me ha dado los años de viajes, premios y un equipo sólido?

Entonces da vuelta a la página y comenzamos este viaje juntos.

Con cariño y fe lo lograremos
Blanca Rocha

Parte I
Fundamentos del Método de Duplicación

Capítulo 1
Mis Primeros Pasos en el Multinivel

Descubriendo un mundo de posibilidades

Cuando escuché por primera vez la palabra multinivel, confieso que no entendía bien de qué se trataba. Pensaba que era simplemente vender productos, pero pronto descubrí que había mucho más detrás: una filosofía de vida, un sistema de ingresos residuales y, sobre todo, un camino de crecimiento personal.

Mis primeras experiencias fueron con compañías reconocidas como: Mary Kay, electricidad, Herbalife, Forever Living, después Shelo Nabel. Cada una me enseñó lecciones valiosas:,

Mi experiencia en Mary Kay

En Mary Kay descubrí la magia de los detalles: la presentación, el cuidado de la imagen y la importancia de ofrecer una experiencia elegante y memorable.

Pero lo más valioso que aprendí fue el orden de la vida que me enseñaron: **Dios primero, segundo la familia, después el negocio** . Ese principio me dio raíces firmes y alas para volar. Así fue como yo gané mi carro de parte de Mary Kay.

Mary Kay para mí siempre ha sido motivo de orgullo. Fue la primera compañía en la que participé, me abrió las puertas a un mundo donde podía sentirme elegante, hermosa, con maquillaje y vestida con seguridad. Me sentía agradecida, empoderada y con mucho poder como mujer.

Mi historia comenzó casi por casualidad, cuando en un "garage sale" compré **lipsticks** a una señora llamada Kay Tompkins que hoy ha sido mi directora por todos estos años.

Ella me sugirió firmar en Mary Kay para ahorrar dinero, y lo que parecía un pequeño paso se convirtió en una gran oportunidad. Con el tiempo me convertí en directora, fui reconocida como estrella, recibí trofeos, premios y hasta tuve el honor de sentarme en una silla especial en la Arena, siendo celebrada como directora conocida como **Go Giver**.

También líder imparable ganando de un automóvil.

Mary Kay no solo me ayudó en mi desarrollo personal, sino que también fue un apoyo en los momentos más difíciles de mi salud, especialmente durante mi lucha contra el cáncer. A través de su **fundación contra el cáncer,** participó en carreras y caminatas anuales que apoyan a miles de mujeres alrededor del mundo.

Beneficios de Mary Kay

- Te enseña que **la verdadera belleza comienza por dentro**, pero también se refleja por fuera cuando te cuidas y te valoras.
- Brinda un espacio donde puedes **crecer como mujer líder**, ganando confianza y desarrollando tu potencial.
- Ofrece la oportunidad de **emprender un negocio propio**, con productos que inspiran seguridad y elegancia.
- Te conecta con una **comunidad de apoyo y servicio**, donde el propósito va más allá de las ventas: se trata de transformar vidas.

Mary Kay para mí es mucho más que maquillaje o productos; es una **escuela de vida y liderazgo femenino** que marcó no solo mi historia, sino también la de mis hijas y nietas, que hoy continúan usando estos productos como símbolo de autoestima, disciplina y belleza.

Mi experiencia con la Electricidad

En el año 2009, estaba viviendo uno de los momentos más difíciles de mi vida: acababa de pasar una bancarrota, sin dinero y sin luz en mi casa. Económicamente estaba pobre, pero mi espíritu seguía fuerte.

Tal vez tú también has pasado por esto o lo estás viviendo. No se lo deseo a nadie, y es por eso que escribo este libro: para compartir mis logros y mostrar que siempre hay esperanza.

Un día, mi mentor de la compañía de electricidad me dijo: *"Blanca, si consigues 15-20 personas que se registren, tendrás tu servicio gratis."* En ese momento solo pensaba en resolver mi necesidad más urgente. Así que invité a mis amigas, organicé una reunión y juntas logramos que esas personas se firmaran.

La alegría que sentí al ver mi luz encendida de nuevo fue tan grande que no me la guardé; comencé a compartirla con otros, para que ellos también dejaran de preocuparse por su recibo de electricidad.

La sorpresa fue que, además de resolver mi necesidad, empecé a ganar dinero solo por compartir. Y entonces entendí algo que me cambió la vida: **la verdadera riqueza no está en perseguir el dinero, sino en ayudar de corazón.** Cuando pones primero a las personas, los beneficios llegan solos y se multiplican.

Ahora, si tú también quieres cambiar tu manera de ahorrar en electricidad y al mismo tiempo generar ingresos, debemos conectarnos y hablar, para que tú también aprendas a **duplicarte.**

El reto de mi salud y la lección de mi hija con Herbalife

Durante este tiempo yo también estaba enfrentando una batalla muy dura: el cáncer. Los tratamientos, las diálisis y la quimioterapia afectaron mi memoria y mis fuerzas, pero mi espíritu no se rindió. Fue entonces cuando mi esposo me presentó los productos de Herbalife y sentí una diferencia en mi salud. No se trataba solo de ganar dinero, sino de **ganar vida.**

En medio de esa lucha, mi hija me enseñó una lección que cambió mi manera de organizarme. Me mostró un método sencillo pero poderoso. Este método me equilibró, me ayudó a mantener disciplina, mejorar mi salud mental y física, y seguir construyendo mi negocio paso a paso.

Duplicate La fórmula para crecer sin límite

El método que aprendí se llama **"tres por ocho"**, y fue mi hija Janet quien me lo enseñó. Hoy quiero compartirlo contigo: 8 horas para trabajar o estudiar, 8 horas para disfrutar con la familia y 8 horas para descansar el cuerpo. Esta fórmula simple fue clave en mi recuperación del cáncer y en mi crecimiento personal.

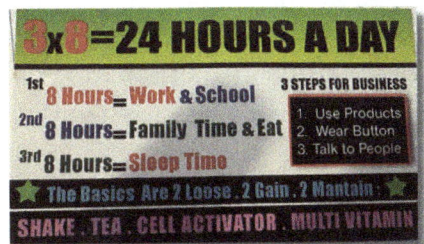

Si yo puedo encontrar fuerzas en medio de la bancarrota y la enfermedad, tú también puedes. Y recuerda siempre: lo que siembras con amor, disciplina y fe, dará fruto en su tiempo.

Tal vez estás pasando por algo parecido: una crisis económica, un reto de salud o un desorden en tu tiempo que te hace sentir perdido(a). Quiero decirte que **sí se puede:** puedes organizar tu vida, cuidar tu salud y generar ingresos al mismo tiempo.
startnownutrition.goherbalife.com

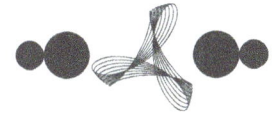

Mi experiencia en Forever Living

Comencé a trabajar en Forever Living porque quería aprender más sobre los productos naturales, ya que en ese tiempo mi mente no estaba al cien por ciento. Sentía la necesidad de encontrar algo que me ayudara a recuperar fuerzas y claridad. Fue así que decidí viajar hasta Arizona, al laboratorio, para entender de primera mano cómo se elaboraban los productos.

Allí descubrí el valor de la **sábila (aloe vera)**, conocida por sus propiedades de limpieza y desintoxicación. Al consumirla y usarla en diferentes presentaciones, noté una mejoría en mi digestión y en mi energía diaria. También probé las **vitaminas y suplementos,** que me dieron el impulso que necesitaba en medio de mi recuperación, y productos de cuidado personal a base de ingredientes naturales que me hicieron sentir más fuerte y saludable.

Forever Living no fue solo una compañía, fue una **escuela de vida.** Aprendí el poder de la constancia y de escuchar más que hablar. Comprendí que cuando compartes con sinceridad, las personas confían en ti. Además de productos de calidad, encontré una comunidad comprometida con la salud y el bienestar.

Los beneficios de unirte a esta compañía van más allá de lo económico:
- **Salud y bienestar** gracias a productos naturales y efectivos.
- **Educación y conocimiento** sobre la naturaleza y cómo cuidarnos mejor.
- **Comunidad y apoyo,** que fortalecen el camino del emprendimiento.

Forever Living me enseñó que la verdadera riqueza está en crecer con propósito: mejorar mi salud, ayudar a otros y construir un legado basado en lo natural.

Mi experiencia en Shelo Nabel

En Shelo Nabel confirmé algo que había aprendido a lo largo de los años: que el mercadeo en red no se trata únicamente de vender productos, sino de construir relaciones sólidas y genuinas. Cada persona que conocía se convertía en una puerta abierta a nuevas oportunidades, y cada amistad fortalece no solo mi negocio, sino también mi corazón.

Fue aquí donde experimenté el verdadero poder de la duplicación. Entendí que no basta con crecer sola, sino que lo más valioso es enseñar a otros a crecer contigo. La duplicación no es solo una estrategia, es un acto de amor y generosidad: compartir conocimientos, apoyar a los demás y acompañarlos para que alcancen sus metas.

En Shelo Nabel también confirmé la importancia de la fe. La fe fue mi motor en los instantes más oscuros, especialmente cuando mi madre, **Juanita Rodríguez,** partió y, más tarde, cuando mi mejor amiga **Susana Vega,** la que creyó en mí, también falleció en medio de esas pérdidas, entendí que todo fruto llega a su tiempo perfecto. Aprendí que un negocio se hace más fuerte cuando se edifica sobre valores firmes: confianza, fe, visión compartida y la certeza de que lo que se siembra con amor florece. Estas personas sostuvieron mi crecimiento personal y empresarial, y son la raíz que hoy me permite seguir multiplicando esperanza y propósito a través de Shelo Nabel.

Gracias a esta compañía, aprendí que la base de todo éxito en el mercadeo en red es la comunidad. Los productos son importantes, pero lo más poderoso son los testimonios de las personas en salud, bienestar o finanzas, caminando juntas hacia un mismo propósito.

Hoy, al mirar atrás, reconozco que Duplicate nació de esa experiencia: de saber que lo que compartimos con fe y amor se multiplica, y que el verdadero legado está en ayudar a otros a descubrir que ellos también pueden soñar, creer y alcanzar.

Capítulo 2
Premios y Reconocimientos
El Poder de la Duplicación

(Más allá de las ventas, un estilo de vida)

Uno de los momentos más emocionantes de mi carrera fue cuando recibí **mi primer carro** como premio. Recuerdo el día como si fuera ayer: subí al escenario, escuché mi nombre y mientras recibía las llaves, pensé en todas las veces que había dudado de mí misma. Ese carro no era solo un reconocimiento material, era una prueba de que el esfuerzo, la fe y la constancia valen la pena.

Pero no fue lo único que gané. Con los años he recibido viajes internacionales, trofeos, certificados, dinero en efectivo, productos, reconocimientos públicos y experiencias inolvidables.

- Cada **viaje** fue una recompensa por mi trabajo, pero también una oportunidad para crecer y expandir mi red.

- Cada **trofeo** representaba no solo mis logros, sino el reflejo de un equipo que aprendió a duplicar mis pasos.
- Cada **certificado** me recordaba que yo era capaz de aprender, enseñar y superarme.
- Cada **producto o bono** recibido era una semilla que sembraba en otros, mostrándoles que ellos también podían alcanzarlo.

Sin embargo, lo más importante que descubrí en este camino es que **no basta con que yo venda o gane premios**. Si yo soy la única que vende, el negocio muere conmigo. El verdadero éxito está en **enseñar a otros a hacer lo mismo**. Esa fue la clave que me convirtió en líder: dejar de pensar solo en mis resultados y enfocarme en cómo ayudar a otros a obtener los suyos.

La duplicación se volvió mi filosofía: crear un sistema que cualquiera pudiera seguir, sin importar su experiencia previa. Porque la grandeza de este negocio no está en lo que tú logras sola, sino en lo que logras inspirar a otros.

Retos y Aprendizajes en el Camino

(De los tropiezos nacen las estrategias)

No todo fue fácil. Tuve momentos en los que pensé en rendirme.
- Recuerdo las veces en que invité a diez personas a una reunión y solo llegaron dos. Sentí frustración, pero aprendí que cada reunión, aunque sea pequeña, es valiosa.
- Hubo días en los que invertí en productos y terminé con cajas guardadas en la sala. Eso me enseñó a planear mejor, a comprar estratégicamente y a usar esas existencias como herramientas de marketing.

- También enfrenté comentarios negativos de familiares o amigos que no entendían lo que hacía. Algunos me dijeron: "Eso no funciona", "pierdes tu tiempo" o "nadie se hace rico con eso". En lugar de detenerme, decidí que mi éxito sería mi mejor respuesta.

Cada obstáculo se convirtió en un maestro. Los fracasos me obligaron a buscar **estrategias creativas**: la lotería, las muestras, los micro-eventos, los testimonios. Fue así como nació el sistema duplicar.

Capítulo 3
El Nacimiento de la Duplicación

(Del esfuerzo individual al efecto dominó)

El Momento en que Todo Hizo "Click"

Al inicio, mi negocio crecía gracias a mi esfuerzo personal. Yo hacía las ventas, yo organizaba las reuniones, yo hablaba con los clientes. Todo dependía de mí. Pero pronto me di cuenta de que eso no era sostenible.

Un día, mientras observaba a mi equipo esperando que yo hiciera todo, me pregunté:

"¿Qué pasará si un día no estoy?"

Ese cuestionamiento fue un parteaguas. Comprendí que si quería un negocio sólido y duradero, tenía que enseñar a otros a hacer lo mismo que yo hacía. Tenía que crear un sistema tan sencillo, tan claro, que cualquiera pudiera seguirlo.

La respuesta llegó en una experiencia que marcó mi vida para siempre. Teníamos planeada una reunión de producto, pero por una emergencia personal no pude asistir. Pasé toda la tarde preocupada, pensando que el evento se cancelaría, que las ventas se perderían y que mi equipo se desmotivaría.

Cuando finalmente revisé mi teléfono, tenía decenas de mensajes: fotos de la reunión, videos de las presentaciones, testimonios de clientes felices. ¡Habían hecho todo sin mí! La reunión fue un éxito y hasta cerraron más ventas de las que yo solía hacer.

Ese día lloré de alegría, no por las ventas (aunque fueron buenas), sino por la libertad que sentí. Por primera vez supe que podía tomarme un día libre, irme de vacaciones o incluso enfermarme… y mi negocio seguiría creciendo.

Así nació mi método de duplicación. Un modelo basado en cuatro pilares:
- **Diversión** (porque la gente quiere disfrutar el proceso).
- **Experiencia del producto** (porque lo que se prueba, se compra).
- **Redes estratégicas** (porque hay que salir del círculo cercano y expandirse).
- **Consistencia** (porque pequeñas acciones repetidas generan grandes resultados).

Ese día entendí que el verdadero éxito en el mercadeo en red no es trabajar más, sino trabajar de manera más inteligente. No es brillar sola, sino encender muchas luces a tu alrededor.

Lo que vas a descubrir...

- Cómo convertir la diversión en una herramienta poderosa de ventas.
- La manera más efectiva de hacer que las personas prueben y amen tu producto.
- Cómo usar tus vacaciones para hacer crecer tu negocio sin sentir que estás trabajando.
- El poder de los micro-eventos y cómo pueden transformar a tu equipo.
- Cómo aprovechar el testimonio de tus clientes para que las ventas lleguen solas.

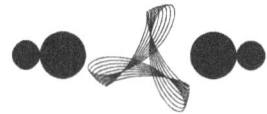

Parte II
Las 5 Estrategias de Duplicación

(Cómo multiplicar tu impacto, influencia e ingresos con pasos simples y claros) **Explicación clara y detallada ,Tips prácticos**

Capítulo 4
La Conexión de la Lotería

(Convierte la Diversión en Ventas)

El Poder de la Diversión

El mercadeo en red no se trata de discursos aburridos ni de presionar a la gente. Se trata de conectar, compartir y disfrutar. Y nada rompe el hielo mejor que un juego.

La lotería, el bingo o cualquier dinámica divertida generan un ambiente en el que las personas se sienten cómodas. Entre risas y anécdotas, bajan las defensas y abren el corazón. Ahí es cuando las semillas de la confianza se siembran.

Yo descubrí esta estrategia porque quería que las personas aprendieran de los productos para poder recomendarlos

Sin pensarlo todo fue exitoso comenzó a ver más ingresos y más personas interesadas en afiliación cada dia mas llevaba mis productos como premios: jabones, cremas, suplementos para la anfitriona que me agendar otra lotería en la misma semana. Y lo que pasaba esa tarde cambió para siempre la manera en que veía este negocio.

Por Qué Funciona
- **Familiaridad:** Todos conocen el juego, no hay barreras culturales ni técnicas.
- **Ambiente relajado:** es una presentación, es un evento social.
- **Experiencia del producto:** Los premios son los productos, la gente los prueba sin presión.
- **Confianza emocional:** La risa crea conexión, y la conexión abre la puerta a la venta.

Cómo Aplicar la Conexión de la Lotería
1. **Prepara el Terreno**
   - Haz tu lista de invitados (mínimo 20 personas).
   - Envía un mensaje atractivo:

   "¡Noche de Lotería en mi casa! Ven a divertirte, gana premios y conoce algo que puede interesarte."

2. **Elige Premios Estratégicos**
   - Pequeños: jabones, muestras, cremas de manos para regalar por venir.
   - Grandes: kits de productos para que el ganador pueda escoger y demostrar los descuentos y bonos.

3. **Integra el Negocio de Forma Natural**
   - Entre ronda y ronda comparte un tip breve sobre el producto.
   - Ejemplo: "Este jabón está hecho con ingredientes naturales, por eso es tan suave con la piel."

4. **Cierra Sin Presión**
   - Ten los productos a la vista en una mesa.
   - Ofrécelos como oportunidad de compra, no como obligación.

Historia Real

La primera tarde de lotería que hice fue en casa de mi hermana Yolanda. Había risas, niños jugando y un ambiente familiar. Ese día entregué 15 premios. Mientras todos disfrutaban, yo explicaba brevemente cada producto dándoles los beneficios del producto.

Resultado:
- Vendí más que en mis presentaciones formales.
- Dos invitadas me pidieron unirse a mi equipo.
- Lo mejor: ¡mi equipo vio el proceso y lo replicó!

Así nació una ola de tardes de lotería en toda mi organización.

Tips para Maximizar Resultados

- Hazlo temático: lotería de belleza, bingo saludable, tarde de café.
- Premia la asistencia: da una pequeña muestra a todos los que llegan.
- Publica fotos en redes: muestra que tu negocio es divertido.
- Invita a tu equipo: que observen y luego dupliquen.

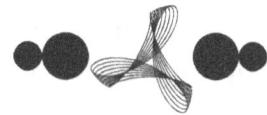

Coaching: Aplica la Conexión de la Lotería

Preguntas de Reflexión Profunda

1. ¿A quién podrías invitar a tu primera tarde de lotería?
___
___
___

2. ¿Qué productos serían premios atractivos para tus invitados?
___
___
___

3. ¿Qué día y hora sería ideal para tu evento?
___
___
___

4. ¿Quién de tu equipo podría observar y aprender?
___
___
___

5. ¿Cómo harás seguimiento después del evento?
___
___
___

Espacio de Notas
___
___
___

Mini Desafío Semanal

Esta semana organiza tu primera tarde de lotería.
- Prepara premios.

- Invita a 20 personas.

- Publica una foto del evento en tus redes.

Checklist Rápido
☐ Preparar premios y tarjetas de lotería.
☐ Crear lista de invitados.
☐ Enviar mensajes personalizados.
☐ Hacer una práctica breve de presentación.
☐ Invitar a un miembro de tu equipo para duplicar.

Recuerda: **no tiene que ser perfecto. Lo importante es empezar.** Cada evento es una semilla que multiplicará tus resultados.

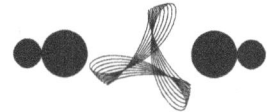

Capítulo 5
El Efecto Prueba de Sabor

(Prueba. Ama. Compra.)

Prueba de Sabor Experiencia es Inolvidable

¿Alguna vez entraste a Costco solo por leche y saliste con queso, jugo y galletas que no planeabas comprar?

¿Qué pasó? Te aseguro que te dieron algo para que probaras.

La experiencia directa rompe barreras. No hay discurso que convenza tanto como un bocado, una textura, un olor o un resultado inmediato. En mercadeo en red, **la muestra es tu mejor vendedora.**

Cuando una persona toca, huele, prueba o siente un producto, deja de verte como alguien que "vende" y empieza a verte como alguien que **comparte valor.**

El Principio del Efecto Prueba de Sabor
- **Lo que se vive, se recuerda.** La experiencia genera memoria emocional.
- **Lo que se toca, se valora.** La gente da más importancia a lo que tiene en sus manos.
- **Lo que se prueba, se compra.** Una buena experiencia convierte la curiosidad en deseo.

Cómo Aplicar el Efecto Prueba de Sabor
1. **Invierte en Muestras con Estrategia**
    - Compra en volumen para reducir costos.
    - Divide productos grandes en mini-muestras.
    - Usa empaques bonitos, incluso una bolsita con tu nombre o logo.

2. **Entrega con Intención, No al Azar**
    - Elige a quién darás la muestra (alguien con interés real).
    - Acompáñala con una instrucción breve:
    - "Úsalo tres días y dime qué notas."
3. **Haz Seguimiento**
    - Envíales un mensaje después de 48 horas:
    - "Hola, ¿cómo te fue con la crema? ¿Notaste la diferencia?"

4. **Crea Expectativa**
    - Antes de entregar la muestra, anuncia lo que va a pasar:
    "Este shampoo te va a dejar el cabello más suave desde la primera lavada."

Historia Real

Recuerdo la primera vez que hice una gran inversión: compré 100 jabones. Al pagar, me temblaban las manos y una voz interna me decía: "¿Y si no los vendo?" Sin embargo, elegí mirarlo como una siembra, no como un riesgo.

Los regalaba estratégicamente: a la señora del salón de belleza, a la mamá que conocí en la escuela, a la vecina que siempre se quejaba de resequedad en la piel.

Un mes después, ocurrió la magia: esas personas regresaron diciendo **"¿tienes más de ese jabón?"**. No solo compraron, ¡trajeron amigas!

De esos 100 jabones nacieron clientes fieles y algunos incluso se convirtieron en socios. Ese día confirmé que las muestras no son gasto: son inversión en relaciones.

Historia Adicional

Una clienta llamada Blanca recibió una muestra de crema para manos. La usó durante una semana y quedó fascinada. No solo compró la crema, sino que pidió un paquete completo para regalar en Navidad.

Meses después, Blanca se unió a mi equipo. ¿Por qué? Porque entendió que si a ella le encantó el producto, otras personas también querrían comprarlo. Todo empezó con una simple muestra.

Tips para Maximizar Resultados

- Personaliza la entrega: "Pensé en ti porque sé que cuidas tu piel."
- Crea un mini-ritual: entrégale con una sonrisa y tu tarjeta.
- Registra todo: anota a quién diste la muestra y en qué fecha.
- Haz retos: "Prueba de 3 días" o "Reto de 5 noches" para motivar seguimiento.
- Celebra testimonios: comparte resultados en redes (con permiso).

Coaching: Aplica el Efecto Prueba de Sabor

Preguntas de Reflexión Profunda

1. ¿Qué producto de tu catálogo es perfecto para regalar como muestra?

2. ¿A cuántas personas puedes impactar esta semana con una muestra?

3. ¿Cómo vas a dar seguimiento a cada entrega?

4. ¿Qué mensaje usarás para crear expectativa antes de dar la muestra?

5. ¿Qué resultados esperarías ver en tus clientes?

Espacio de Notas

_____
_____
_____

Mini Desafío Semanal
Esta semana preparo 10 muestras y las estratégicamente.
- Haz seguimiento en 48 horas.

- Publica un testimonio en redes sociales.

Checklist Rápido
☐ Elegir producto ideal para muestra.
☐ Preparar mini-empaques con etiqueta/nombre.
☐ Hacer lista de 10 personas clave.
☐ Entregar personalmente con instrucciones.
☐ Registrar y dar seguimiento.

Recuerda: **lo que se prueba, se compra.** Y lo que se comparte, se multiplica.

Capítulo 6
La Red de Vacaciones

(Viaja, Conecta, Duplica)

Viajar y Hacer Negocio — Sin Dejar de Disfrutar

Una de las mayores bendiciones del mercadeo en red es que **tu negocio viaja contigo.** No estás atada a un escritorio, ni a un horario fijo. Cada viaje, ya sea de trabajo, familiar o de incentivo, es una oportunidad para expandir tu red de manera natural.

Recuerdo con claridad la primera vez que decidí combinar vacaciones con estrategia de negocio. Estaba en un viaje de incentivo en Cancún, disfrutando de la playa, cuando empecé a platicar con una pareja durante una excursión.

Ellos me preguntaron:
—"¿Cómo le hiciste para que te pagaran estas vacaciones?"

Esa simple conversación terminó en una venta de producto y, semanas después, en una nueva socia para mi equipo.

Lo entendí de inmediato: **las vacaciones no son tiempo perdido, son terreno fértil para sembrar relaciones que florecen en negocios.**

Por Qué Funciona

- **Ambiente relajado:** En vacaciones la gente está abierta, tranquila y más receptiva.
- **Curiosidad Natural:** Cuando dices "gané este viaje gracias a mi negocio", todos quieren saber cómo.
- **Expansión de Mercado:** Conoces personas de otras ciudades o países.
- **Autenticidad:** No estás vendiendo; estás compartiendo tu estilo de vida de manera genuina.

Cómo Aplicar la Red de Vacaciones

1. Viaja Preparada
   - Siempre lleva productos pequeños o muestras.
   - Guarda en tu maleta folletos, tarjetas de presentación o incluso un catálogo digital en tu celular.
   - Prepara frases cortas que expliquen lo que haces sin sonar como discurso.
2. Ejemplo:
"Trabajo en un negocio que me permite viajar gratis y ayudar a otros a mejorar su salud e ingresos."

3. **Conversa Naturalmente**
   - Empieza con temas cotidianos: clima, comida, actividades.
   - Deja que la conversación fluya; no fuerces la venta.
   - Si alguien pregunta cómo ganaste el viaje, comparte tu historia en menos de un minuto.

4. Haz Seguimiento Después del Viaje
   - Intercambia WhatsApp, redes sociales o emails.
   - Mándales un mensaje sencillo:
"Me encantó conocerte en el tour. Si quieres, te platico más de lo que hago."

5. **Duplica con Tu Equipo**
    - Motiva a tu equipo a hacer lo mismo en sus vacaciones.
    - Celebra públicamente cuando alguien logre un nuevo contacto o cliente en un viaje.

Tips para Maximizar Resultados

- **Cuenta tu historia como inspiración, no como venta.**
- **Toma fotos profesionales en cada viaje:** esas imágenes son prueba social poderosa.
- **Mantén discreción:** si alguien no muestra interés, no insistas.
- **Aprovecha lugares públicos:** aeropuertos, tours, ferias y restaurantes son espacios ideales para conocer gente.

Coaching: Aplica la Red de Vacaciones

Preguntas de Reflexión Profunda

1. ¿Cuál es tu próximo viaje (familiar, de trabajo o de incentivo)?

2. ¿Qué productos o materiales puedes llevar contigo?

3. Escribe una frase corta para explicar lo que haces de manera natural.

4. Haz una lista de 3 lugares/actividades donde podrías conocer gente.

5. ¿Cómo harás seguimiento después de regresar?

Espacio de Notas

_____

_____

Mini Desafío Semanal

Esta semana preparamos un **kit de viaje de duplicación** (muestras + tarjetas + historia corta).
- Entabla al menos 3 nuevas conversaciones.

- Registra sus nombres y haz seguimiento en 72 horas.

Checklist Rápido
☐ Preparar kit de viaje con productos con promociones
☐ Practicar mi "historia de testimonio de 1 minuto".
☐ Identificar oportunidades de conversación en vacaciones.
☐ Tomar una foto de estilo de vida para compartir en redes.
☐ Contactar a nuevas personas al regresar.

Recuerda: **Viajar es disfrutar, pero también sembrar semillas.** Cada viaje puede traer clientes, socios y líderes si lo aprovechas con intención.

Capítulo 7
El Multiplicador de Micro-Eventos

Cuando hablamos de micro-eventos, no solo nos referimos a reuniones pequeñas que generan ventas inmediatas; también hablamos de cómo esos encuentros pueden convertirse en un sistema financiero claro y duplicable.

Un micro-evento bien organizado no sólo da lugar a clientes satisfechos, sino que también te permite mostrar cómo se gana dinero en esta industria. Para explicarlo, uso un ejemplo sencillo: el pastel de ganancias. Imagina que la compañía (como Shelo, Nabel, Herbalife, Mary Kay o cualquier otra) te ofrece un pastel completo de oportunidades. Tu tarea como líder es mostrar a tu equipo cómo dividir ese pastel en rebanadas claras y alcanzables.

Las tres principales "rebanadas" son:

1. **Ventas directas** → Aquí es donde ganas entre un **40% y 50% de comisión**, según el producto y la compañía. Son ingresos inmediatos que sostienen tu negocio día a día.
2. **Bonos y recompensas** → Muchas compañías ofrecen premios adicionales: carros, viajes, productos gratuitos o dinero extra. Esta parte del pastel es motivación pura, tanto para ti como para tu equipo.
3. **Afiliaciones y red de mercadeo** → Es la rebanada más grande, porque representa la verdadera duplicación. Aquí entran los cheques mensuales, las comisiones residuales y la estabilidad a largo plazo.

Cuando enseñas este concepto en un micro-evento, no solo estás presentando productos, sino que estás enseñando **un sistema completo de crecimiento económico.** Eso da claridad a tu equipo, motiva a los clientes a involucrarse y demuestra que este negocio no se trata de suerte, sino de estrategia y duplicación.

En este capítulo, aprenderás cómo **usar los micro-eventos como vitrinas** para mostrar tu "pastel de ganancias", inspirando a otros a seguir tu ejemplo y a construir su propio sistema de ingresos sostenibles.

Ejemplo: De Las Rebanadas del Pastel

(Pequeñas Reuniones, Gran Impacto)

Por Qué los Micro-Eventos Transforman Tu Negocio

Mucha gente cree que para tener éxito en mercadeo en red hay que llenar auditorios, alquilar hoteles o hacer conferencias masivas. Eso es poderoso, sí, pero no es el inicio. El verdadero motor de crecimiento son los **micro-eventos:** reuniones pequeñas, íntimas y repetibles que cualquiera en tu equipo puede organizar.

Un micro-evento no requiere grandes recursos: basta con tu sala, una mesa, café y tus productos. La magia está en la cercanía. Cuando una persona se siente escuchada, atendida y puede probar algo en un espacio cómodo, la confianza y la decisión de compra crecen.

Ventajas de los Micro-Eventos

- **Bajo costo:** no necesitas gastos grandes en logística.
- **Fácil de duplicar:** cualquiera de tu equipo puede organizar uno.
- **Conexión personal:** los invitados se sienten especiales y valorados.
- **Entrenamiento en vivo:** tus nuevos socios aprenden al verte actuar.
- **Más conversión:** la gente compra más cuando recibe atención directa.

Cómo Aplicar el Multiplicador de Micro-Eventos

1. **Elige un Formato Sencillo**
   - *Cafecito de Negocio*: reunión breve de 20–30 min.
   - *Tarde de Belleza*: demostración práctica de productos.
   - *Clase Exprés*: tema simple como "3 tips de salud en 15 min".
2. **Invita de Manera Personalizada**
   - Llamada directa o mensaje privado.
   - Ejemplo:
   "Amiga, este viernes haré una demostración rápida en mi casa. Ven, probamos productos y tomamos un cafecito."
3. **Hazlo Interactivo**
   - Permite que prueben, huelan, toquen, pregunten.
   - La participación activa genera emoción y compromiso.
4. **Incluye un Llamado a la Acción**
   - Promoción exclusiva solo para asistentes.
   - Agenda otra reunión en casa de alguien más.
5. **Duplica en el Momento**
   - Después del evento, reúne a tu equipo 10 minutos y explícales cómo hacerlo ellos mismos.

Historia Real 1

Una tarde en la casa de mi amiga Ana, invité solo a cinco personas. Pensé que sería algo pequeño y sin resultados. Pero de las cinco, cuatro compraron, y dos me pidieron organizar la misma reunión en sus casas.

Ese día no solo hice ventas: **multipliqué mis próximos eventos**. Entendí que lo pequeño puede ser gigante cuando se replica.

Historia Real 2

Un socio nuevo de mi equipo, Juan, estaba nervioso porque nunca había hecho una presentación. Le pedí que me acompañara a un micro-evento. Allí observó, participó y, al final, él mismo se animó a explicar un producto frente al grupo.

Al ver que podía hacerlo en un ambiente seguro, se llenó de confianza. Semanas después, Juan ya estaba organizando sus propias reuniones en su casa.

Tips para Maximizar Resultados

- Mantén la duración corta: 30–40 minutos máximo.
- Crea ambiente: música suave, aromaterapia, buena iluminación.
- Prepara productos para entrega inmediata.
- Documenta el evento con fotos y publícalo en redes.
- Incluye siempre a alguien de tu equipo para que aprenda duplicando.

Coaching: Aplica el Multiplicador de Micro-Eventos™

Preguntas de Reflexión Profunda

   1. ¿Qué tipo de micro-evento vas a organizar esta semana?
___

   2. ¿A quién vas a invitar personalmente?
___

   3. ¿Cómo harás que los invitados interactúen con el producto?
___

   4. ¿Qué promoción especial puedes ofrecer a los asistentes?
___

   5. ¿Qué miembro de tu equipo se beneficiaría al observar y duplicar?
___

Espacio de Notas
___

Mini Desafío Semanal

Organiza al menos un **micro-evento** esta semana.
- Invita a 5 personas.

- Haz que al menos 1 invitado agende su propia reunión.
-
- Involucra a un socio para que lo duplique.

Checklist Rápido

☐ Definir fecha y hora.
☐ Preparar productos y material.
☐ Invitar personalmente a 5 personas.
☐ Documentar con fotos/videos.
☐ Reunión de 10 min con equipo para enseñar duplicación.

Recuerda: **Los grandes equipos no nacen en salones enormes, nacen en salas pequeñas.** Cada micro-evento es una semilla de crecimiento exponencial.

Capítulo 8
El Foco de Prueba Social

(Deja que tus Clientes Vendan por Ti)

El Poder de la Voz del Cliente

(Las personas confían más en lo que otros cuentan de un producto que en lo que la empresa o el vendedor dice.
Eso es **la prueba social:** cuando alguien ve un testimonio real, una foto de antes y después, o escucha una experiencia auténtica, piensa:

"Si le funcionó a ella, también me puede funcionar a mí."

El Foco de Prueba Social™ convierte a tus clientes en embajadores de tu marca, y eso multiplica tu influencia de manera orgánica.

Por Qué Funciona
- **Genera confianza:** la gente cree en personas comunes, no en anuncios.
- **Inspira identificación:** si el cliente se parece a mí, yo también puedo lograrlo.
- **Ahorra tiempo:** un buen testimonio responde dudas sin que tú tengas que explicarlo todo.
- **Crea comunidad:** los clientes se sienten parte de algo más grande.

Cómo Aplicar el Foco de Prueba Social
1. Recolecta Historias Reales
- Pide a tus clientes que cuenten cómo usan el producto.
- Ejemplo:
  "¿Te gustó? Grábame un video de 30 segundos contando tu experiencia."

2. Muestra Resultados Visuales
- Fotos de antes y después (con permiso).
- Mini entrevistas en video.
- Historias cortas en redes.

3. Integra en tus Reuniones
- Empieza mostrando un testimonio en video.
- Pide a un cliente presente que cuente su experiencia.

4. Celebra a Tus Clientes
- Publica en redes:
  "Gracias a Laura por compartir cómo este producto transformó su rutina."

5. Duplica con Tu Equipo
- Enséñales a pedir testimonios de manera ética.
- Muéstrales ejemplos simples para que se animen a usarlos.

Historia Real 1

Una clienta llamada Sonia probó una crema para el cuidado de la piel. Le pedí permiso para tomarle una foto antes y después de 30 días.

Cuando compartí su historia en redes, el impacto fue inmediato: recibí mensajes de personas que nunca había conocido. Cerré más ventas esta semana que en todo el mes anterior.

Lo más increíble fue que Sonia se sintió orgullosa y se convirtió en promotora voluntaria del producto. **La prueba social no solo me trajo ventas, sino una aliada.**

Historia Real 2

En un micro-evento, una clienta tomó la palabra espontáneamente y dijo:
—"Este producto cambió mi vida, ya no tengo los problemas que tenía antes."

El grupo la escuchó con tanta atención que varias compraron en ese momento, sin que yo dijera nada más.

Ese día entendí: **un testimonio sincero vende más que una presentación larga.**

Tips para Maximizar Resultados

- Mantén los testimonios auténticos, no ensayados.
- Pide siempre permiso antes de publicar fotos o historias.
- Usa variedad: texto, video, audio, imágenes.
- Actualiza regularmente: no repitas siempre los mismos testimonios.
- Crea un "banco de historias" para que tu equipo tenga material duplicable.

Coaching: Aplica el Foco de Prueba Social

Preguntas de Reflexión Profunda
1. ¿Qué cliente tiene hoy una historia que podrías compartir?
___
___
___

2. ¿Qué formato sería mejor (vídeo, texto, foto)?
___
___
___

3. ¿Cómo pedirás el testimonio de manera natural?
___
___
___

4. ¿Dónde lo compartes (redes, evento, reunión)?
___
___
___

5. ¿Cómo enseñarás a tu equipo a hacer lo mismo?
___
___
___

Espacio de Notas
___
___
___

Mini Desafío Semanal

Esta semana consiguió al menos **3 testimonios de clientes.**
- Pública uno en redes sociales.

- Usa uno en tu próxima reunión.

- Entrena a un socio para hacer lo mismo.

Checklist Rápido

☐ Identificar clientes felices.
☐ Solicitar su testimonio con permiso.
☐ Guardar historias en un archivo o carpeta.
☐ Publicar al menos un testimonio.
☐ Mostrar a un socio cómo usar la prueba social.

Recuerda: **Cuando tus clientes hablan, tu negocio florece.** La voz de ellos es más poderosa que cualquier folleto o presentación.

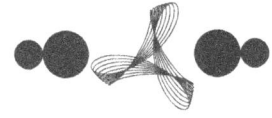

Parte III
Mentalidad y Liderazgo Mentalidad, Liderazgo y Casos Reales

Capítulo 9
La Mentalidad de Duplicación

(Crea un Efecto Dominó en Tu Negocio y en Tu Vida)

Piensa Como Líder, No Solo Como Vendedor
Lo que uno siembra cosecha

Llegaste al final de este libro, pero en realidad este es el inicio de tu siguiente nivel.

Las cinco estrategias que aprendiste —**La Lotería, El Efecto Prueba de Sabor, La Red de Vacaciones, El Multiplicador de Micro-Eventos y El Foco de Prueba Social** — son herramientas prácticas, pero lo que realmente hará crecer tu negocio es la mentalidad con la que las uses.

La duplicación no significa trabajar más duro, ni hacerlo todo tú. Significa crear sistemas tan simples y emocionantes que cualquiera pueda replicarlos. Es inspirar a otros a creer que ellos también pueden lograrlo.

Piensa en esto: tu negocio será tan grande como el número de personas que logres empoderar. Tu meta no es ser la estrella que brilla sola, sino crear un cielo lleno de estrellas que brillen contigo.

Claves de la Mentalidad de Duplicación

1. Simplicidad: pregúntate siempre: "¿Puede un socio nuevo hacer esto mañana mismo?"
2. Generosidad: comparte tus secretos, herramientas y tiempo. Cuando tu equipo crece, tu negocio crece.
3. Visión a largo plazo: construir un equipo sólido es como sembrar un árbol. Requiere paciencia y constancia.

4. Celebración: reconoce cada avance. La gente hace más de lo que se celebra.
5. Resiliencia: no todo saldrá perfecto. Aprende, ajusta y sigue adelante.

Visualiza tu Negocio Replicándose
Cierra los ojos e imagina:
- Personas de tu equipo organizando eventos en diferentes ciudades o países.
- Clientes felices compartiendo testimonios en redes.
- Líderes que empezaron tímidos ahora están entrenando a nuevos socios.
- Y tú, disfrutando de tiempo libre porque el sistema funciona sin ti.

Respira profundo y repite mentalmente:
"Yo creo en sistemas simples. Yo inspiro a otros. Yo multiplico impacto, influencia e ingresos." Yo soy Luz.....

"In the same way, let your light shine before others, so that they may see your good works and give glory to your father who is in heaven"

Matthew 5:13

Plan de Acción de 30 Días

Este plan está diseñado para convertir la lectura de este libro en acción inmediata.Simplemente de compartir oportunidades para tu salud o el Bienestar Financiero con nuestro Kits.

Semana 1: La Lotería con Oportunida de Negocio

Meta: Organizar tu primer evento de Lotería.
- Haz tu lista de invitados (mínimo 10).
- Prepara premios pequeños y un premio mayor.
- Comparte productos entre rondas de juego.
- Objetivo: 3 ventas y 1 prospecto nuevo.

Semana 2: El Efecto Prueba de Sabor

Meta: Preparar y repartir 10 muestras estratégicas.
- Selecciona un producto estrella.
- Crea mini-presentaciones atractivas.
- Haz seguimiento a las 48 horas.
- Objetivo: 5 respuestas y 3 cierres de venta.

Semana 3: La Red de Vacaciones

Meta: Identificar 3 nuevos contactos fuera de tu círculo habitual.
- Usa un viaje, salida o evento social como oportunidad.
- Prepara tu "historia de un minuto".
- Intercambia redes o WhatsApp.
- Objetivo: 3 conversaciones de negocio y 1 cliente potencial.

Semana 4: Micro-Eventos + Prueba Social

Meta: Realizar un micro-evento y usar testimonios reales.
- Invita al menos a 5 personas.
- Deja que un cliente comparta su experiencia.
- Motiva a un socio a organizar el siguiente evento.
- Objetivo: 3 ventas y 1 socio nuevo.

Coaching Final: Tu Compromiso con la Duplicación

Preguntas de Reflexión Profunda
1. ¿Qué estrategia vas a aplicar primero en tu negocio?

2. ¿A quién vas a enseñar esta semana lo que aprendiste?

3. ¿Qué pequeño paso puedes dar hoy para acercarte a tu meta de duplicación?

4. ¿Cómo vas a medir tu progreso (eventos, ventas, socios)?

5. ¿Qué fecha pondrás en tu calendario para evaluar tus resultados?

Espacio de Notas
_____
_____
_____

Mini Desafío Final

Hoy mismo abre tu agenda y marca las fechas de tus próximos eventos.

Haz tu lista de 20 contactos a quienes compartirás tu producto o negocio.

Escribe tu primera meta de duplicación y compártela con tu patrocinador.

Checklist Final
☐ Leer y subrayar este libro con notas personales.
☐ Aplicar al menos una estrategia por semana.
☐ Documentar avances con fotos/testimonios.
☐ Celebrar logros pequeños con tu equipo.
☐ Enseñar lo aprendido a un socio nuevo.

Llamado Final
Este libro no es el final de tu camino, es el inicio de una nueva etapa.

Recuerda:
- No tienes que ser perfecta, solo constante.

- No tienes que hacerlo todo tú, solo enseñar a otros cómo hacerlo.

- Cada acción pequeña puede crear un **efecto dominó en cientos de vidas.**

Hoy tienes en tus manos un sistema duplicable. Ahora es tu turno de aplicarlo, enseñarlo y multiplicarlo.

El mejor momento para empezar fue ayer.
El segundo mejor momento es ahora. Dar gracias por despertar.

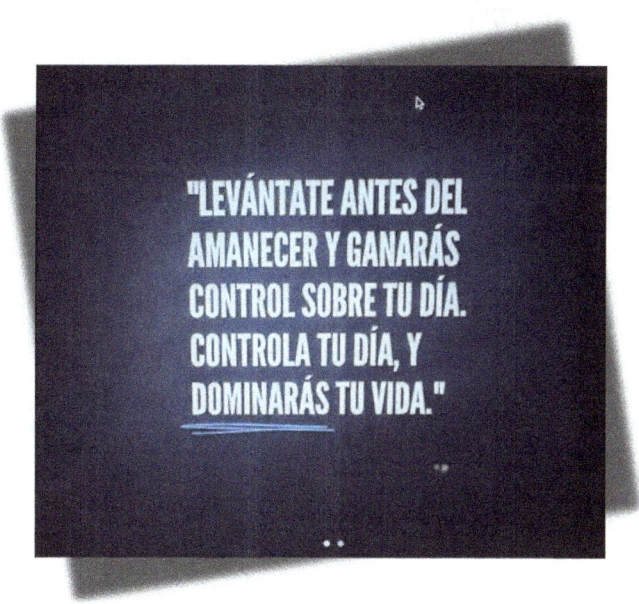

Capítulo 10
Errores que Evitar y Cómo Corregirlos

(Y Cómo Convertirlos en Lecciones de Éxito)

El camino del mercadeo en red está lleno de aprendizajes. Yo, Blanca Rocha, cometí muchos errores en mis primeros años, y hoy quiero compartirlos contigo para que no tengas que tropezar con las mismas piedras.

Recuerda: **un error no te define; solo te entrena.**

✘ **Error 1: Querer Hacer Todo Sola**

Al inicio pensaba que, si yo lo hacía, quedaba "mejor". Preparaba las reuniones, daba las presentaciones, hacía las llamadas... hasta que terminé agotada.

Cómo Corregirlo:
- Enseña desde el principio.
- Aunque un socio nuevo no lo haga perfecto, deja que intente.
- Duplicar es formar líderes, no asistentes.

✘ **Error 2: No Dar Seguimiento**

Entregaba muestras, hablaba con personas, pero nunca llamaba después. Resultado: clientes interesados que se enfriaban.

Cómo Corregirlo:
- Agenda recordatorios en tu calendario.
- El seguimiento debe hacerse en 24–72 horas.
- Recuerda: la fortuna está en el seguimiento.

✗ Error 3: Eventos Demasiado Complicados

Quería que todo fuera perfecto: decoraciones, presentaciones largas, discursos memorables. Resultado: mi equipo se asustaba y pensaba que ellos nunca podrían hacerlo igual.

Cómo Corregirlo:
- Mantén las cosas simples.
- Pregúntate: "¿Un nuevo socio puede replicar esto mañana?"
- Si la respuesta es no, simplificarlo.

✗ Error 4: Hablar Solo de Productos

Yo me enfoco tanto en explicar ingredientes, beneficios y características, que olvidaba algo vital: **la gente compra resultados y experiencias, no componentes químicos.**

Cómo Corregirlo:
- Cuenta historias: la tuya o la de clientes.
- Haz preguntas: "¿Qué te gustaría mejorar en tu salud/piel/energía?"
- Conecta emoción + producto.

✗ Error 5: No Escuchar

Al inicio hablaba y hablaba... y hablaba. Quería convencer con palabras, pero olvidaba que el cliente necesitaba sentirse escuchado.

Cómo Corregirlo:
- Haz preguntas abiertas.
- Deja que la persona cuente sus necesidades.
- Responde con una solución específica, no con todo tu catálogo.

✗ Error 6: Dejar que el Miedo Decida

Muchas veces no invité a alguien por miedo a que dijera que no. Después me enteré de que esa persona se unió a otra empresa de multinivel.

Cómo Corregirlo:
- Cambia tu mentalidad: un "no" no es personal.
- El rechazo es parte del proceso.
- Por cada 10 "no", habrá 1 "sí" que vale la pena.

✗ Error 7: No Celebrar Pequeños Logros

Me enfoco tanto en la meta grande que olvidaba reconocer a mi equipo por cosas pequeñas. Eso desmotivaba a muchos.

Cómo Corregirlo:
- Celebra cada paso: la primera venta, la primera reunión, el primer testimonio.
- Reconoce en público, corrige en privado.
- Recuerda: la gente hace más de lo que se celebra.

Historia Real

En una ocasión, entregué 20 muestras de producto y no hice seguimiento con nadie. Semanas después, una de esas personas me contó que había comprado el mismo producto... ¡pero con otra distribuidora!

Ese día aprendí que dar muestras sin seguimiento es como sembrar semillas y nunca regarlas.

Coaching: Aprende de los Errores

Preguntas de Reflexión Profunda
1. ¿Qué error de los 7 has cometido más veces?

2. ¿Qué lección puedes aplicar hoy mismo para corregirlo?

3. ¿Qué sistema puedes implementar para no repetirlo?

4. ¿Cómo puedes enseñar a tu equipo a evitar este error?

5. ¿Qué pequeño logro puedes celebrar esta semana en tu equipo?

Espacio de Notas
_____
_____
_____

Mini Desafío Semanal

Haz una lista de **tres errores que has cometido en tu negocio**.
- Escribe cómo los vas a corregir.

- Comparte esa lista con tu patrocinador o un socio de confianza.

Checklist Rápido
☐ Identificar mis errores más comunes.
☐ Diseñar un plan de corrección.
☐ Implementar una acción concreta esta semana.
☐ Compartir el aprendizaje con mi equipo.
☐ Celebrar un logro pequeño.

Recuerda: **el error no es fracaso, es retroalimentación.** Mientras más rápido aprendes de ellos, más pronto creces.

Capítulo 11
Historias de Éxito de Líderes

(Inspiración que Multiplica)
Voces que Inspiran

El verdadero impacto de la duplicación no está solo en mis resultados, sino en los de las personas que confiaron en este sistema. Cada historia es una prueba de que **sí se puede,** de que con disciplina, corazón y un método claro, la vida puede cambiar.

Historia de Éxito 1: Lupita – De Ama de Casa a Líder Reconocida

Lupita era una ama de casa con tres hijos pequeños. Al inicio, le daba pena hablar en público y pensaba que el mercadeo en red no era para ella. La primera vez que la invité a una reunión de Lotería, me dijo:
—"Yo solo vengo a jugar, no sé vender."

Pero esa tarde se llevó un premio de jabón, lo probó, lo compartió con su familia y regresó encantada. Poco a poco comenzó a organizar sus propias reuniones en su casa.

Hoy Lupita no solo vende productos: **tiene un equipo sólido de más de 50 personas,** ha viajado a diferentes ciudades como líder invitada y sus hijos la miran con orgullo. Su frase favorita es:
"Si yo puedo, cualquiera puede."

Historia de Éxito 2: José – Del Miedo a Hablar al Escenario

Jose trabajaba en una fábrica y siempre decía que él no era "bueno para hablar". La idea de presentar un producto le daba pánico. Un día lo invité a acompañarme a un micro-evento.

Observó en silencio, pero al final le pedí que dijera dos frases sobre lo que había probado.

Su voz tembló, pero lo hizo. Esa pequeña participación fue un antes y un después. Semanas después, Jose organizó su primera reunión en casa de un amigo. Hoy es uno de mis líderes más activos, ha recibido **trofeos de reconocimiento de la empresa** y recientemente estuvo en el escenario compartiendo su testimonio ante más de 500 personas.

Su mayor lección: **el miedo se vence actuando, no esperando.**

Historia de Éxito 3: Maribel – La Clienta que se Volvió Socia

Diana conoció el negocio a través de una muestra de crema. Al principio solo compraba de vez en cuando, pero un día decidió regalar kits de productos a toda su familia. Al ver la reacción positiva, dijo:
—"Si esto le gusta a tanta gente, ¿por qué no hacerlo en grande?"

Se inscribió como socia y, en menos de unos meses, ya tenía un equipo que duplicaba las estrategias de muestras y prueba social. Hoy Diana disfruta de **ingresos residuales** y ha logrado viajar con su esposo gracias a los incentivos de la compañía.

Historia de Éxito 4: Rosa – La Maestra que Encontró Libertad

Rosa era maestra de primaria y siempre se quejaba de lo poco que le quedaba de sueldo. Conoció el mercadeo en red a través de un viaje de incentivo que yo había ganado. Cuando le conté que esas vacaciones me habían salido gratis, me miró con incredulidad.

Decidió intentarlo. Usó sus vacaciones de verano para enfocarse en aprender las estrategias de duplicación. En un año, Rosa ya había reemplazado su sueldo de maestra con ingresos de la red.

Hoy sigue enseñando, pero a su manera: **enseña a otros a construir libertad financiera.**

Historia de Éxito 5: Carlos y Elena – Una Pareja que Sueña en Equipo

Carlos y Elena eran una pareja joven que buscaba ingresos extra. Empezaron vendiendo productos juntos, pero pronto entendieron que la clave no era vender más, sino **enseñar a otros a vender.**

Aplicaron la Conexión de la Lotería en reuniones familiares, organizaron micro-eventos y motivaron a sus amigos a duplicar. En dos años, pasaron de ser un matrimonio endeudado a **ganarse un carro de la compañía** y viajes internacionales.

Hoy son ejemplo de que cuando una pareja une fuerzas en un mismo sueño, los resultados son imparables.

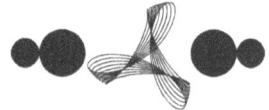

Coaching: Tu Historia en Proceso

Preguntas de Reflexión Profunda

1. ¿Con qué historia de éxito te identificas más?

2. ¿Qué parte de esa historia puedes replicar en tu vida y negocio?

3. ¿Qué testimonio tuyo podrías compartir ya mismo con tu equipo?

4. ¿Cómo vas a documentar tus pequeños logros para inspirar a otros?

5. ¿Qué líder de tu equipo merece ser reconocido esta semana?

Espacio de Notas

_____
_____
_____

Mini Desafío Semanal
Escribe tu propia historia de éxito en una hoja.
- Incluye: de dónde vienes, cuál fue tu reto, qué estrategia aplicaste y qué lograste.\
- Compártela en tu próxima reunión o en redes sociales.

Checklist Rápido

☐ Identificar mi mayor logro hasta ahora.
☐ Escribir mi testimonio en menos de 2 minutos.
☐ Compartirlo con al menos 3 personas.
☐ Reconocer públicamente a un socio de mi equipo.
☐ Registrar los avances para seguir inspirando.

Recuerda: **tu historia inspira más que cualquier presentación.** El poder de la duplicación se mide en vidas transformadas.

Recursos Finales

Para apoyarte en tu camino de duplicación, he preparado un folder con formas y ejercicios prácticos que puedes descargar y usar con tu equipo. Estos recursos están diseñados para ayudarte a organizar tus acciones, dar seguimiento y mantenerte motivado:

- **30 Caritas nuevas para 30 lugares nuevos** – una hoja visual para marcar tus avances. Cada carita representa una conversación con un prospecto. Cuando completas las 30, ¡ya habrás sembrado en 30 lugares distintos!
- **Reclutando y Obteniendo Resultados** – una forma sencilla para organizar tus contactos, darles seguimiento y medir tu progreso en el reclutamiento.
- **Verlo, Creerlo y Lograrlo** (Believe it and Achieve it) – un ejercicio de visualización para ayudarte a conectar con tus sueños, creer en ellos y dar los pasos necesarios para alcanzarlos.
- **Vamos a Explorarte** (Let's Explore You) – una guía de reflexión con preguntas clave como "¿Qué te apasiona?" o "¿Cómo luce tu día perfecto?", diseñada para que descubras lo que realmente te mueve y alinees tu negocio con tu propósito personal.

Estos recursos están disponibles en un Google Folder. Escanea el código QR o visita el enlace que encontrarás aquí para descargarlos y comenzar a aplicarlos en tu negocio hoy mismo.

Frases y principios para tu jornada diaria

1. Sí se puede. Cada día es una nueva oportunidad para crecer y avanzar.
2. Hazlo simple. Si otros pueden replicarlo fácilmente, tu negocio está listo para multiplicarse.
3. Comparte con generosidad. Lo que enseñas y das siempre regresa multiplicado.
4. Celebra cada paso. Los pequeños logros de hoy son las grandes victorias de mañana.
5. Escucha más, habla con propósito. Conexión auténtica antes que presión de ventas.
6. Constancia sobre intensidad. Es mejor hacer un poco cada día que mucho de vez en cuando.
7. Cree en ti. La duplicación comienza con tu ejemplo y tu fe en lo que haces.
8. Pon a Dios primero. La guía espiritual ilumina tu camino y da sentido a tu trabajo.
9. Convierte tu negocio en alegría. Si te diviertes, otros querrán acompañarte.
10. Duplica la esperanza. No solo construyes ingresos, construyes vidas transformadas.

Puedes cerrar esta página con un espacio en blanco que diga: Escribe aquí tu frase personal para inspirar tu jornada:

_____
_____
_____

Sobre la autora

Blanca Rocha es una líder con más de 23 años de experiencia en el mercadeo en red. A lo largo de su trayectoria ha trabajado con reconocidas compañías de multinivel como Herbalife, Forever Living, Mary Kay y Shelo Nabel, creando equipos sólidos y obteniendo logros significativos como viajes internacionales, premios, trofeos, reconocimientos y un automóvil.

Su verdadera pasión ha sido siempre formar y duplicar líderes, demostrando que el éxito no se trata solo de vender, sino de enseñar a otros a crecer. A través de su método de duplicación, Blanca inspira a miles de emprendedores a organizar su vida, creer en sus sueños y transformar su esfuerzo en ingresos residuales y libertad financiera.

Hoy, comparte su historia y estrategias comprobadas para que cada persona descubra que **sí se puede** prosperar con propósito, disciplina y fe.

Conéctate conmigo

Gracias por leer *Duplicate:* La fórmula para crecer sin límite. Este es solo el comienzo de tu camino hacia la duplicación y el crecimiento. Me encantaría saber de ti, escuchar tus avances y acompañarte en tu proceso.

Sígueme en mis redes sociales:

Facebook: Blanca Rocha
Instagram: blancarochaoficial
YouTube:@BlancaRocha-pf3kk
WhatsApp Business: 469-335-6255

Para más información, escríbeme a mi correo electrónico:
lookbyblanca@gmail.com

Es tu momento de dar el siguiente paso!

- Cuéntame: ¿cómo cuidas tu salud y tu energía durante la semana?
- Únete: estoy formando un pequeño grupo exclusivo de mentoría para crecimiento financiero.
- Descubre: entérate de mis próximos eventos, talleres y loterías, y aprende más sobre cómo aprovechar nuestros productos o afiliarte como socio.
- No camines sola, camina acompañada de un equipo que inspira, apoya y multiplica.

Conéctate conmigo

Escanea el Código QR o mándame un mensaje directo para más información.

Aumenta tus ventas

¡Comparte la liga de tu tienda personal y obtén grandes ganacias!

También puedes mostrar tu código QR.

Sigamos avanzando juntos

¡Comparte tu liga de afiliación, logremos crecer la gran familia que es Sheló NABEL!

También puedes mostrar tu código QR.

¡Compartir liga de afiliación!

www.ingramcontent.com/pod-product-compliance
Lightning Source LLC
Chambersburg PA
CBHW072203160426
43197CB00012B/2503